Angekommen

Georg Heenssel

Angekommen

Edition Falkenberg

Titelabbildung: Georg Heenssel

1. Auflage 2023

ISBN 978-3-95494-323-4
www.edition-falkenberg.de

Inhalt

Und gibt's kein Paradies mehr,
gibt's doch Paradiese.

Friedrich von Bodenstedt

Morning has broken

Der Fall scheint klar, auch wenn der Abschiedsgruß etwas mystisch scheint. Der Mann, der mit einem seligen, leicht lächelnden Gesichtsausdruck in seinem Ohrensessel thront, ist tot. Wohl bereits seit zwei oder drei Tagen. Jedenfalls hatte sein bester Freund noch vor drei Tagen den Abend mit ihm verbracht, bei gutem Essen und guten Getränken, wie so oft in anfangs tiefsinnigen, später eher alkoholseligen Gesprächen über dies und das vertieft, über Fragen der Philosophie und das alles, und zunehmend auch über den Rest des Lebens. Diesmal allerdings – und erst jetzt begann er sich darüber zu wundern, bei Champagner – statt wie sonst bei Bier oder Rotwein.

Es ist Winter, es ist kalt, er hatte die Wohnungsfenster auf Kipp gestellt – so hielt sich die Geruchsentwicklung in Grenzen. Allerdings wohl nur drinnen, denn draußen mischte sich sein zunehmender Geruch mit der Außenluft und bewegte dann doch den einen oder anderen Mitmenschen, irgendjemanden zu benachrichtigen, um nach der Geruchsursache zu forschen.

Das besorgte dann sein Freund, der sich sorgte, weil er seit dem letzten Treffen keine Rückmeldung und auch keine Antworten auf seine Anrufe erhielt.

Schnell, aber nicht überhastet sollte es gehen mit dem Abgang, ohne Dreck, Blut und sonstige Schockmomente für die Findenden. Eine Rolle Schlaftabletten, ein schwarzer Afghane, eine Flasche bester Single Malt erschienen als akzeptable Begleitung auf seinem Flug in die Paradieswelt.

Karl Heinz Graf Cord zu Stuckenbostel erschien wie immer aristokratisch autoritär am Ort des Geschehens. Eine routinierte Bestandsaufnahme, unterstützt von einem technischen Team von Fotografen, Spurenlesern und seinen beiden Assistenten – und allen Beteiligten war schnell klar, alle Spuren wiesen auf Freitod hin. Der Fall war praktisch abgeschlossen. Lediglich das Formale musste noch erledigt werden, ein Job für seine Assistenten.

Und dennoch – der Fall brachte Graf Cord zu Stuckenbostel ins Grübeln. Nicht, dass er an dem Freitod zweifelte –, aber dieser Freitod spiegelte seine eigene Philosophie zum Leben und zum Sterben! Und er zeigte ihm eben seine Philosophie nicht nur theoretisch, sondern auch konkret gelebt.

Graf Cord zu Stuckenbostel legte keinen Wert auf Titel und Positionen, die er während seiner Karriere erreicht hatte. Seinen Platz in der Hierarchie füllte er aus, ohne auf seinen Titel zu pochen. Er schätzte allenfalls die damit verbundene Macht, die ihm ein Arbeiten in seinem Sinne ermöglichte. Und, es mag ein Widerspruch sein, – er legte Wert auf seinen Namen, vollständig ausgesprochen und geschrieben, allerdings ohne *Karl Heinz* – dieser, so erzählte man ihm, war lediglich ein Zugeständnis an seine Ahnengalerie. Es mochte eine Inkonsequenz, vielleicht auch eine gewisse Eitelkeit sein, einerseits nicht auf seinen Titel zu bestehen, andererseits ihn zu nutzen: doch er sah, dass sein Name, verbunden mit dem Adelstitel, Türen öffnete. Vielleicht lag es an einem noch immer im Volk bestehenden Untertanengeist – doch selbst einfachste Befragungen, selbst an Haustüren, schienen ergiebiger, wenn sein Grafentitel genannt wurde. Insofern nutzte er dieses Phänomen zum Wohle einer erfolgreichen Arbeit. Es erinnerte ihn an seinen Hausarzt, der als Doktor einen anderen Status verkörperte, obwohl er doch nur ein Arzt war – und die Erlangung eines Doktortitels hatte nach seiner Erfahrung nicht viel mit wissenschaftlichem Anspruch zu tun, erinnerte eher an ein Jodeldiplom, und dennoch vertrauten die bei ihm ratsuchenden Menschen offensichtlich dem Doktor mehr als dem Arzt.

Er trug einfache, aber hochwertige Kleidung, die Hosen passten zu seinem Namen, und manchmal wagte er sogar Trendfarben, und wenn die Kleidung diesen Trend regelmäßig überlebte, war es ihm auch egal – Trends kamen immer wieder, man musste nur lange genug warten. Sinn der Kleidung sollte vorrangig das Zweckmäßige sein – sie soll vor Kälte und Feuchtigkeit schützen.

Er lebte allein – ganz bewusst. Neben seinem besten hatte er einige wenige gute Freunde, mit denen er sich regelmäßig austauschte, auch hatte er Frauenkontakte, die er genoss, und er musste meist wenig dafür tun. Frauen fühlten sich von ihm angezogen, sei es durch sein Auftreten, sei es durch seinen Namen.

Er war kinderlos, zumindest wusste er von keinem Kind, und kein Kind wusste von ihm als Vater oder Erzeuger.

Auch der Freitote lebte allein, und ebenfalls offensichtlich nicht unglücklich. Seine Wohnung machte einen einladenden Eindruck, »Hygge«, würde vielleicht ein Däne sagen, obwohl doch wohl eher nicht … Das ganze Hyggedesign betrachtete er wohl eher als lästige Staubfängerei, zumindest aus Sicht von Graf Cord zu Stuckenbostel.

Sein Sozialleben schien erfüllend zu sein, und der Freitod war offensichtlich nur die Fortsetzung eines erfüllten Lebens, der Weg in ein anderes Paradies.

Es würde sicherlich ein Testament vorliegen, begünstigt wird wohl eine soziale Einrichtung, mit der er gute Erfahrungen gemacht hatte – direkt oder über das Personal.

Graf Cord zu Stuckenbostel schaute noch einmal auf den Toten. Fast schien es, als verabschiedete er sich. Er mochte ihn, er war ihm sympathisch. Das Lächeln, die entspannte Haltung, seine Kleidung, die Art, diese zu tragen, die Whiskymarke, das Ambiente des Zuhauses – und auch wenn er dessen Schuhe wohl nicht tragen würde und auch irischen Whisky diesem eindeutig hochwertigen vorziehen würde – all das behagte ihm.

Und auch sein Tod war ihm sympathisch. Freiwillig, selbstbestimmt gewählt, ohne Krankheit, ohne Angst, ohne Furcht – voller Interesse, was nun kommen mochte, und überzeugt, dass es gut sein würde. Zwar hatte er bereits eine Variante für sich erwogen – ein Sprung mit einem Wingsuit aus großer Höhe im Winter in einen norwegischen Fjord – das eiskalte Wasser und der Aufprall sollten ein schnelles Ende nach einem wunderbaren Flug bedeuten. Und er würde keine schockierten Menschen hinterlassen, denn er ging nicht davon aus, gefunden zu werden. Diese Variante könnte durchaus eine Alternative sein.

Auch wenn sein Schicksal vorsehen sollte, dass ihn eine Kugel treffen wird, er tot sein wird, bevor er merkt, dass er getroffen ist. Auch ein Tod in seinem Sinne, eine mögliche weitere Alternative, nur etwas zu früh, er hatte noch einiges vor. Ein unpassender Zeitpunkt – aber das konnte er heute ja noch nicht wissen. Und vielleicht überlegt es sich sein Schicksal ja noch einmal.

Graf Cord zu Stuckenbostel war eine nachdenkliche Person, bereits seine Mutter schilderte ihn als grüblerisches Kind, naturverbunden, schon eher naturverliebt. Er liebte Spaziergänge im Wald, er liebte das Anfassen der Bäume, der Blätter, der Gräser. Er sah voller Begeisterung den Tieren zu, Wachheit, Bewegungen – besonders faszinierte ihn die unendliche Vielfalt der Vogelgefieder. Er liebte Waldgeräusche und die Waldesstille. Diese Verbundenheit zur Natur hatte er sich bis heute bewahrt.

Noch immer geht er gern in den Wald, es ist ihm fast wie eine Meditation.

Motiv für seine Berufswahl war allerdings sein Hang zu Gleichberechtigung und Gerechtigkeit. Diese Neigung war neben seiner Naturverbundenheit ein weiteres Thema in seinem Vorleben, sei es in seiner Familie, sei es aus gesellschaftlicher Betrachtung heraus. Er verstand erst spät, dass Gerechtigkeit kein allgemeingültiges Gut war und von jedem individuell empfunden und auch gelebt wird. Die immer wieder gepredigte allgemeingültige Normierung des Lebens als Basis für gesellschaftliches Zusammenleben wird offensichtlich nicht von allen respektiert und geachtet; die diese gesellschaftliche Gleichheit regelnden Gesetze und Verordnungen werden nicht von allen Beteiligten als verbindlich auch für sie selbst angesehen.

Er erkannte, dass moralisches und sittliches Handeln unterschiedlich gelebt werden kann, vielleicht an der Grenze zur Moral, aber ohne unmoralisch zu sein, und oftmals führte dies zu einem befriedigenden Leben – befriedigender als das bescheidene, in Unterwürfigkeit geführte Leben, das ihn in seinem Elternhaus und der Schule gelehrt wurde und das er verinnerlicht hatte. Er empfand dieses Leben als eine Art Domestizierung der Menschheit. Es bedurfte eine lange und intensive Zeit, diese Fesseln im Kopf zu erkennen und zu lösen, zumindest zu lockern – und eigentlich dauerte diese Phase immer noch an, und wird wohl auch weiter bestehen. Erst der Tod wird dieses ewigliche Denken und Grübeln beenden – vielleicht.

Und er erkannte, dass es Grenzüberschreitungen gab – gelebt durch Individuen, die sich nicht im Rahmen des gesellschaftlich

Normierten bewegen, sondern darüber hinaus, zu Lasten und zum Schaden der übrigen Individuen. Diese Seite betrachtete er als unsittlich oder unmoralisch. Doch solange das Handeln nicht gesellschaftlich schädlich ist, ist es durchaus akzeptabel, sogar gewollt, es macht die Vielfalt aus, die das Leben spannend, interessant, lebenswert macht.

Auffallend erschien ihm, dass gesellschaftlich schädliche Übertretungen auffallend häufig und massiver von denjenigen begangen werden, die sich zwar für das Entwickeln und das Predigen der Werte und Normierung einsetzen und sich selbst doch nicht unbedingt zum Wohle der Allgemeinheit, sondern eher zum nur eigenen Wohle ausleben, zu Lasten der Gemeinschaft – sei es in Politik, sei es in der Kirche, sei es in sonstigen gesellschaftlichen Kreisen der Gesellschaft und der Wirtschaft.

Graf Cord zu Stuckenbostel liebte seine Arbeit. Er verband mit ihr eine Herausforderung, sich für ein Leben in einer gerechten Gesellschaft einzusetzen, und sie ermöglichte ihm ein individuelles und breit aufgestelltes Leben in Freiheit im Rahmen einer von ihm als zumindest theoretisch gerecht empfundenen Gesellschaft. Dafür war er dankbar, er empfand eine große Demut für dieses Leben.

Diese dankbare Demut empfand er auch gegenüber seinem Vater- oder Mutterland – trotz durchaus kritischer Sichtweise gegenüber den zunehmenden Lebenswidersprüchen der herrschenden Moralisten in Bezug auf Erwartungen an das Volk und deren eigenem Leben fernab der gepredigten Moral.

Es war ein langer Weg zu diesem Sein. Geboren in diesem Elternland, aber unter komplett anderen Voraussetzungen, lebte er nun ein Leben ohne eigentliche Nöte, ohne Zwang zu Unterwerfung und Anpassung – diese Eigenschaften waren ihm fremd.

Sein Auftreten entsprach dieser Grundhaltung. Und war wohl, verbunden mit seiner ihm innewohnenden Ausgeglichenheit, auch ein Grund dafür, dass er in seinem Beruf alles erreicht hatte, was ihm auf dieser Basis möglich war.

Und war ebenfalls der Grund, dass er trotz durchaus sehr erfolgreicher Arbeit für weitere Beförderungen als nicht geeignet angesehen wurde. Eigenschaften, die dafür notwendig schienen, waren ihm zuwider.

Er war mittlerweile Mitte 50, fühlte sich körperlich und geistig fit, war weiterhin motiviert und aktiv und entwickelte, ohne seine eigentliche Arbeit zu vernachlässigen, zunehmend den Anspruch, sein Wissen und seine Erfahrungen an seine Mitarbeiter weiterzugeben.

Allerdings war ihm nicht immer der Sinn dieser Werte klar – zunehmend erschien es eher umgekehrt. Das Bauchgefühl, seine ihn auszeichnende Eigenschaft, drohte in der Bedeutungslosigkeit zu versanden. Immense Fortschritte in der digitalen Aufklärungsarbeit, in der Spurensicherung und Leichenkunde verlangten von ihm stete Bereitschaft zur Aktualisierung seines Wissens. Er verschloss sich nicht diesen neuen Techniken und war auch nicht so borniert, diese als belanglos abzutun, er erkannte durchaus deren Qualitäten für eine erfolgreiche Ermittlungsarbeit, und er hätte eher gerne früher über diese Möglichkeiten bereits in seinen Berufsanfängen verfügt. Und dennoch …

Trotz aller Bemühungen, immer auf dem aktuellen Stand der Ermittlungstechnik zu sein, empfand er diesen Druck zunehmend als Belastung, als Wettlauf mit der Zeit. Er nutzte seine Position und delegierte die praktische Anwendung vermehrt an seine Assistenten im Rahmen von Teamarbeit, jeder bringt sich ein, ein Geben und Nehmen, immer den Blick auf das Ziel eines Ermittlungerfolgs gerichtet.

Er merkte, wie er sich auf den Zeitpunkt freute, einfach innezuhalten – »lass die Zeit doch laufen, ich laufe nicht mehr mit«. Muße, Zeit, Reisen, Ausschlafen, Bücherlesen, Handwerken – ein Leben eigener Interessen, im eigenen Tempo.

Eines hatte er in seinem Leben verinnerlicht, es prägte sein gesamtes Handeln:

»Höre nicht auf, selbst zu denken!« Und: »Versuche stets, über den Tellerrand zu schauen.«
Ihm war klar, dass dieses Ziel durch seine gesellschaftliche Position, seine Schicht, in der sich nach seiner Auffassung jeder Mensch wiederfindet, den Blick beeinträchtigt – ein Kaiser bewegt sich durch seinen Rang, nicht unbedingt durch seine Intelligenz, in Sphären, in die er als ›Normalsterblicher‹ wohl nie gelangt wäre. Er sah, dass die Realität seinen Freigeist stets übertrumpfen würde. Die Wahrheit erscheint oft derart bizarr, dass das Bizarre häufig als Wahrheit betrachtet werden kann. Den Rahmen allerdings konnte er nicht einschätzen, nur schien ihm klar, dass die Realität seine Gedanken stets überflügeln würde. Egal, wie krass er seine Theorie entwickelt, die Realität ist krasser.

Gab es anfangs, in seinen Twenties, noch zaghafte Versuche in politischer Arbeit, resignierte er zusehends. Er hatte keine Motivation mehr, die Menschheit von ihrem Unglücklichsein zu befreien. Es erschien ihm, als würde er versuchen, Kühe im Stall von der Revolution zu überzeugen.

Stattdessen verinnerlichte er einen weiteren Lebensgrundsatz – Gelassenheit im Sinne der stoischen Denkrichtung. Ändere, was du mit deinen Möglichkeiten ändern kannst, und nimm hin, dass du gewisse Dinge nicht ändern kannst – und er wünschte sich die Weisheit, das eine von dem anderen unterscheiden zu können.

Seine Mitmenschen erkannten diese zunehmende Gelassenheit und ein zunehmendes Verständnis in seinem Wesen, und er stellte fest, dass dies sein Weg bleiben sollte. Er versuchte, ihn auf diesem Weg hemmende Fesseln seiner Erziehung zu erkennen und sich in seinem Handeln davon freizumachen. Es war und blieb noch immer ein hartes Stück Arbeit, zumal erkennbar wurde und wird, dass Einflüsse aus den Generationen der Eltern, Großeltern und noch weiterer Generationen zurückwirken – eine Art systemisches Energiefeld, für dessen reales Verstehen der Menschheit noch viel Wissen und Erkenntnis fehlt.

Es lag noch sehr viel Wegstrecke vor ihm, eine unendliche Strecke, dieser Weg würde mit dem Tode nicht beendet sein. Mit zunehmendem Alter und zunehmender Erkenntnis allerdings rannte er nicht mehr auf diesem Weg. Er lief nicht mehr, er ging nur noch, gönnte sich Pausen und genoss diese, betrachtete seinen Wegesrand – zuversichtlich, dass er irgendwann und irgendwo ankommen wird – und zuversichtlich, dass das nicht das Ziel sein würde.

Und es war gut so!

Wurzeln

Erika

Sie hat es nicht leicht gehabt in ihrem Leben.

Sicherlich – es ist eine Floskel, bezeichnend für viele Menschen ihrer Generation, und es erinnert an ›Es war einmal …‹ – dem klassischen Beginn einer Märchenerzählung.

Ihr Leben aber war wahrlich kein märchenhaftes.

Geboren auf einem Bauernhof im ehemaligen deutschen Osten, nach der Geburt der Stammhalter als erstes, nun ersehntes Mädchen.
In dieser Position war ihre Rolle entsprechend dem damaligen Frauen- und Weltbild vorbestimmt – Hilfe im Haus-

halt, waschen, kochen, saubermachen, unterordnen, gehorchen, brav sein … Später, mit zunehmendem Alter und zunehmender körperlicher Robustheit, kam bei Bedarf noch Feld- und Gartenarbeit hinzu.

Sie entwickelte sich zu einem jungen Mädchen, sie war blond, blauäuig, hübsch, sportlich und künstlerisch begabt – Attribute, die das seinerzeitige Machtverhältnis im Staat begierig zur Kenntnis nahm – und sie verstand nicht, warum ihre Eltern verhinderten, dass sie vom System vereinnahmt werden konnte.

Wie sollte sie es denn auch verstehen – Kinder, junge Menschen, besonders auch ideologisch ›passende‹ Menschen – sie sehen das öffentliche Leben, sie sehen Musik und Sport, sie sehen und hören, dass sie dabei sein sollen, dass sie sich einreihen sollen, sie erfahren Anerkennung – und sie verstehen nicht, wenn es ihnen verweigert wird.

Erika hat dies stets als verpasste Chance empfunden.

Es war noch Winter, sie war 14, als der Befehl zur Flucht erfolgte – »nehmt euer Nötigstes, in drei Stunden startet der Treck«.

Wir wissen nicht, was sie mitnehmen durfte – es war mit Sicherheit nicht viel und mit Sicherheit wenig Privates. Sie hat sich dazu nie geäußert.

Wir wissen auch nicht, was sie dort zurücklassen musste. Nur von ihrem Hund hat sie erzählt, für den sich kein Platz auf dem Wagen fand, obwohl sie sich ganz klein gemacht hatte, der die ersten Tage dem Wagen bellend folgte, und dann irgendwann nicht mehr.

Und von ihrem Onkel, der die Systemverhältnisse ignorierte und keinen persönlichen Fluchtgrund sah. »Ich lebe hier, hier ist meine Heimat, ich hab' keinem etwas getan, und mir hat auch keiner etwas getan, ich bin mit allen gut Freund.« Sie hat nur noch einen Schuss erwähnt, der kurz nach dem Aufbruch und der wohl unmittelbaren Dorfübernahme durch russische Soldaten zu hören war. Den Onkel hat sie nie wiedergesehen.

Wir alle wissen durch Erzählungen, durch Literatur, durch Fotos und Filme von den Entbehrungen und den Grausamkeiten, die die Flucht für die Tausenden von Menschen bedeutete.

Sie hat selten davon erzählt, von ihrer Flucht, alleine, ohne Vater und ohne großen Bruder, die beide irgendwo im Krieg waren, von der Fahrt über die zugefrorene

Weichsel, deren Eisdicke noch durch Wasser verstärkt wurde, damit es nicht brach;
- von dem dennoch knirschenden Eis, welches so labil war, dass andere Wagen vor und hinter ihrem einbrachen und versanken;
- von ihrer Dankbarkeit ihrem zweitgeborenem Bruder gegenüber, der als Kind die Pferde lenkte und sie sicher übers Eis und auch zum Ziel brachte;
- von ihrer Mutter, die als Frau tapfer und souverän die Fahrt im Treck leitete, und am Abend einen Schlafplatz, Futter für die Pferde und die Familie organisierte; die eine stets drohende Beschlagnahme der Pferde verhinderte, und sich auch sonst jeglicher Bedrohung mutig entgegenstellte.

Und von ihrem Hunger. Sie hatte kein Verständnis, dass ihre Kinder nie glasigen Speck mochten, und die Kinder hatten nie verstanden, warum sie so grausam unerbittlich darauf bestand.

Wir wissen nicht, was Erika darüber hinaus direkt und indirekt erlebt hat – heute aber würde man wohl erkennen, dass allein das wenige, das sie erzählte, verbunden mit dem Verlust der Heimat und auch ihrer Kindheit, ein Trauma verursacht hat, welches zu behandeln ist.

Eine Behandlung zur Gesundung der verletzten Seele erfolgte nicht – die Zeit ließ dies nicht zu.

Stattdessen ging der Kampf weiter.
- Neuorientierung am Ziel,
- Betteln um Essen,
- Erleben von Diskriminierung und offener Ablehnung,
- Erleben der Rechtfertigung ihrer Mutter vor dem mittlerweile aus dem Krieg zurückgekehrten Vater, der nicht verstehen wollte, dass sie »so einfach die Heimat aufgeben hatte«,

- und schließlich eine Art von ›Etablierung‹.

Und dennoch – sie wurde das Stigma ›Flüchtling‹ nie los – und, so wurde es vermittelt und so empfand sie es, »ein Flüchtling ist etwas Minderwertiges«.

Sie lernte ihren Herbert kennen und wohl auch lieben.

Herbert

Hugo Graf zu Stuckenbostel war bekannt zu Beginn des 20. Jahrhunderts.
Wollte jemand eine exklusive Innenarchitektur, und konnte er sich diese auch leisten, war *Hugo's Wohnraumgestaltung* die erste Wahl.
Er entwickelte nach den Vorstellungen seiner Klientel kreative Ideen, entwarf Pläne und setzte diese Pläne dann auch zur vollsten Zufriedenheit seiner Kunden um.

Es ging um mehr, als nur Farbe auf Wand und Decke aufzutragen, als Gardinen und Vorhänge anzubringen, um mehr als Beratung zu meist vorhandener Möblierung – jedes Objekt erinnerte eher an ein Kunstwerk, ein Gemälde, wobei er seinen Klienten das Gefühl gab, es sei deren Produkt, entstanden aus deren künstlerischer Ader.

Und immer, wenn das Objekt abgeschlossen war, die Bezahlung erfolgte und ihm wieder einen finanziellen Freiraum ermöglichte, nahm er seinen Rucksack samt Staffelei, Farben, Pinsel, seine Thermoskanne mit starkem Kaffee und einer Zigarre und ging in die Natur.

Keiner wusste, wo er sich aufhielt, und er konnte es selbst nicht sagen – er ließ sich treiben. Und wie Treibgut landete er irgendwo, fand einen Platz, vielleicht fand der Platz auch ihn, er baute seine Staffelei auf, holte seine Farben und Pinsel hervor, und er malte. Er malte Landschaften, wie er sie sah, er war Teil des Ganzen, es schien, als sei er nicht mehr im Diesseits, sondern irgendwo in einem Leben neben seinem realen Leben.

Er lebte mit seiner Frau und seinem Sohn in dem Haus seines Vaters, einem

etwas feudalen Objekt aus adeligen von-Stuckenbostel's-Zeiten – mittlerweile in einem etwas morbiden Zustand, aber mit Charme und Charisma.
Sein Vater bewohnte das Erdgeschoss, er mit seiner Familie das Obergeschoss samt Dachboden. Es war für alle genügend Wohnraum vorhanden, und dennoch erschien es eher als Mehrgenerationenhaus, denn, obwohl jeder Haushalt durchaus autark leben konnte, entwickelte sich das Zusammenleben zunehmend zu einer Art Wohngemeinschaft. Sie saßen zusammen, kochten zusammen, nutzten den Garten gemeinsam, trafen Entscheidungen gemeinsam, und der Großvater passte auf das Enkelkind auf und erzog es dadurch mit.

Der Krieg rief das Volk zu den Waffen. Auch er wurde gerufen, und, wenn auch widerwillig, er folgte diesem Ruf.

Er überlebte, auch Verdun. Körperlich. Die Verwundung der Seele blieb verborgen. Seine Frau war schwanger, nicht von ihm, er war in der fraglichen Zeit auf dem Schlachtfeld. Es habe sich einfach so ergeben, sie war einsam, voller Angst um ihn, um sich, um die Zukunft, und sein Vater war dagewesen!

Nein, er hat seinen Vater nicht erschossen. Auch wenn er, aktuell erworben, über fundierte Sachkenntnis und Routine im Töten verfügte. Auch sein Gewehr besaß er noch. Aber ihn mit einem Heldentod zu dekorieren, das war ihm sein Vater nicht mehr wert. Stattdessen sprach er nie wieder ein Wort mit ihm. Sein Schweigen ihm gegenüber hat er nie gebrochen, und bricht es selbst im Jenseits, in der Ahnenreihe neben ihm stehend, nicht.

Er verkaufte die Firma, suchte und fand ein Stück Land im Moor, begann dort mit Kultivierungsarbeiten und dem Bau eines Hauses nach seinen Vorstellungen, nahm seinen Sohn, seine Utensilien mitsamt der Malereiausstattung und zog in das halbfertige Haus. Seine Hauswirtschafterin begleitete ihn.

Bauarbeiten begleiteten die ersten Jahre. Das Haus wurde fertiggestellt, er errichtete zusätzlich Stallungen und gründete eine Hühnerfarm. Das Geld war alle, Ersparnisse und Rücklagen aus dem Firmenverkauf waren aufgebraucht oder von der Inflation pulverisiert, ständiger Geldmangel war fortan ein treuer Begleiter der folgenden Jahre. Erträge aus der Kultivierung des Landes und der Verkauf von Eiern und Suppenhühnern sicherten ein Überleben. Seine Malerei hatte er trotz aller Entbehrungen nie aufgegeben, er malte weiterhin, kaufte zum Verdruss seiner Hauwirtschafterin, die das Haushaltsbudget in ihren Händen hielt, neue Farben und Pinsel, packte regelmäßig seinen Rucksack, zog sich in die Natur zurück, vergaß alles und malte.

Er heiratete seine Hauswirtschafterin, sie hieß Dorothee, weitere Kinder wurden geboren, zwei Töchter und drei Söhne, und abschließend Herbert, das sechste Kind der Kinderschar.

Die Kinder wuchsen heran, die Frau kümmerte sich darum, auch um den mittlerweile üppigen Garten und um die Hühnerverwertung, und Hugo kümmerte sich, wenn die Malerei es denn zuließ, um das Wohlergehen der Hühner und den Brutkasten für steten Kükennachschub.

Die Kinder wurden zunehmend in das Haus- und Hofgeschehen eingebunden, der Hof wurde erweitert, Ackerbau und Viehzucht eingeführt, Kühe gaben regelmäßig Milch, Schweine Fleisch und Wurst, die Felder Roggen und Weizen.

Ein neues System stand vor der Tür und verlangte nach Soldaten. Die erstgeborenen Söhne wurden als kampftauglich betrachtet und eingezogen, an der Front brauchte es neues Leben, die Söhne wurden dorthin versetzt, zwei kehrten nicht zurück.

Das System griff nach Herbert. Bereits vollständig und stolz eingekleidet für einen heroischen Einsatz um den Endsieg, präsentierte der zuständige Gauleiter Herberts Einsatzbefehl. Dorothee widersetzte sich diesem Befehl, verlangte die sofortige Entuniformierung ihres Sohnes und befreite, als der Gauleiter nicht reagierte, ihren Sohn von Mütze, Jacke, Hose, Schuhen.

»Das wird Konsequenzen haben!«, waren die Worte des Gauleiters, hilflos konsterniert den Hof verlassend. Und Herbert, ebenfalls konsterniert und entblößt herumstehend, verstand nicht, wieso er seine ihm in der Schule stetig eingetrichterte Pflicht zur Teilnahme an der Erringung des Endsieges nicht freudig erfüllen durfte.

Der Krieg war beendet, das Leben begann neu, es wurde improvisiert, der Gauleiter, jetzt Demokrat, wurde Bürgermeister, der Lehrer, nun ebenfalls Demokrat, Schuldirektor.
Herbert beendete seine Schulzeit, sein ältester Bruder kehrte aus der Kriegsgefangenschaft zurück und wanderte aus,

sein Halbbruder, ebenfalls aus dem Krieg zurückkehrend, siedelte sich als Nachbar im Moor an.

Die Eltern setzten ihr Leben fort, voller Trauer, fatalistisch, funktionierend. Sie lebten, speisten und tranken, verstanden das Leben aber nicht mehr.

Herbert versuchte, das Erlebte zu verstehen, begann eine Ausbildung, übernahm die Hofstelle, versuchte Ackerbau und Viehzucht, versuchte zu leben und ging zu Musik- und Tanzveranstaltungen, lernte neue Menschen kennen, auch Mädchen, und beteiligte sich aktiv an der Gründung eines Theaterspielvereines.

Er lernte Erika kennen, und vielleicht auch lieben.

Herbert und Erika, Erika und Herbert

Wollte Erika ausgehen, wollte sie Musik hören, wollte sie Geselligkeit, wollte sie andere Menschen sehen, wollte sie tanzen, ging das nur in Begleitung ihrer Brüder. Gnädig nahmen sie sie mit – dafür durfte sie dann deren Kleidung waschen und bügeln.

Sie lernte Herbert während einer Tanzveranstaltung kennen – und wohl auch lieben. Sie heirateten. Mit der Heirat zog sie zu ihm auf den Hof seiner Eltern, wo er zwischenzeitlich die Landwirtschaft zu seinem Lebensunterhalt ausbaute.

Das Leben auf dem Hof verlangte ihren ganzen Einsatz. Früh aufstehen, Kühe melken, Kühe füttern, Schweine füttern, Frühstück zubereiten, Felder vorbereiten, Saat und Pflanzgut einbringen, Heuernte,

Getreideernte, Kartoffelernte, Kinder kriegen. Sie wurde schnell schwanger – bis zum dritten Kind im Jahresrhythmus, danach nicht mehr ganz so schnell. Kinder wickeln, füttern, wickeln, füttern, anziehen, ausziehen, Wäsche waschen. Das Aufwachsen der Kinder erfolgte in den Freiräumen, die sie erkämpfte.

Sie war auf dem Hof nie akzeptiert. Sie blieb ein Flüchtling. »Hätte Herbert nicht eine aus dem Dorf heiraten können«, bekam sie oft, aber nie direkt zu hören. Sie kollidierte regelmäßig mit ihrer Schwiegermutter, deren Einstellung nicht zu ihrer Sicht der Dinge passte. Aus anfänglicher gegenseitiger Abneigung wurde Missachtung, später Hass und Verachtung.

Das Leben unter diesen Umständen war zermürbend. Herbert und Erika entschlossen sich, den Hof zu verlassen und das Leben neu zu beginnen. Herbert suchte und fand Arbeit, sie erwarben ein Grundstück im Dorf, erwarben eine Baracke als Übergangswohnraum und begannen, ein Haus zu bauen. Herbert nahm in seiner Freizeit Spaten, Schaufel und Schubkarre und schaufelte den Keller aus, Erika nahm Spaten, Hacke und Harke und begann mit ›Ackerbau und Viehzucht‹ – genauer: Gartenbau und Hühnerhaltung. Das Leben beschränkte sich im Wesentlichen auf diesen Horizont – »Die schönste Zeit Ihres Lebens«, sagte sie oft.

Selten gingen sie tanzen – die große Ausnahme in der täglichen Routine, und nur Herbert zuliebe, der ein geselliger Mensch war und sich unter anderen Menschen wohlfühlte. Er liebte diese Auszeiten. Er spielte Theater in der dörflichen Theatergruppe. Und anschließend spielte er auf zum Tanz mit Akkordeon und Mundharmonika. Sie fühlte sich allein und beobachtet.

Eine Kapelle erweiterte das Musikrepertoire, Erika und Herbert hatten nun gemeinsame Feierzeit, und wenn der Schneewalzer erklang, war dies ihr Moment. Der Schneewalzer bedeutete ihr mehr als nur wunderschöne Musik. Es schien, als gäbe er ihrem auf sie lastendem Trauma eine Auszeit. Er stand für einen Glücksmoment, für ›Unbelastetsein‹, für Tanz, Fröhlichkeit und Harmonie.

Ein weiteres Kind wurde geboren – es war mongoloid. »Ein behindertes Kind. Was habe ich falsch gemacht? Weshalb werde ich bestraft?« Eine soziale Hilfe und Betreuung war seinerzeit in diesem Moordorf unbekannt. Obwohl sie sich um dieses Kind mehr kümmerte und verantwortlich fühlte, hat sie diese Geburt stets persönlich genommen und als weiteres Stigma gesehen.

Die Zeit lief weiter, das Haus wurde nach und nach bezugsfertig, irgendwann erfolgte auch die Endabnahme, die Kinder wuchsen, gingen zur Schule, das Einkommen stieg, ein Fernseher wurde angeschafft, später ein Telefonanschluss. Sie machte mit Stolz den Führerschein, sie wurden mobiler, nach einem Moped reichte es zu einem Auto.
Die ersten Discounter öffneten, die Einkäufe wurden günstiger, die Arbeiten im Gemüsegarten weniger.

Herbert wurde frühverrentet – ein Schlag, der alles Erreichte bedrohte. Doch auch dieses wurde überwunden – sie kamen zurecht. Die Kinder verließen das Haus, auch für ihr Sorgenkind fand sich eine mittlerweile entwickelte Lebenshilfe.

Und sie konnte sich ihren stets geäußerten Wunsch erfüllen – sie nutzte die erste sich bietende Möglichkeit, ›ihren‹ Hof in ›ihrer‹ Heimat zu besuchen. Wohl nur direkt Betroffene können sich vorstellen, was diese Wunscherfüllung für sie bedeutete.

Der erstgeborene Sohn übernahm das Haus, mitsamt all den Dingen, um die man sich kümmern muss, wenn man ein mittlerweile nicht mehr neues Haus besitzt, und wenn einen die Kräfte zunehmend verlassen. Es bedeutete für Herbert und Erika eine Riesenentlastung von der immer schwerer werdenden Bürde ›Haus‹ – und es bedeutete, Zeit zu haben. Es begann das Lebensfinale, die Lebenskür.

Die Erinnerung brachte sich in Stellung und zeigte sich in aller Grausamkeit.

Bedeutete die Arbeit bislang auch die Möglichkeit der Flucht vor der Erinnerung, bedeutete diese nun erreichte Freiheit die massive Konfrontation mit dem tatsächlich Geschehenen.

Erika flüchtete erneut – nun ins Vergessen. Es begann, typisch für diese Generation, mit dem Schlüsselverlegen, der Geldsuche, dem Anlassen der Herdplatten. Sie lebte zunehmend in dieser anderen Welt, und als Herbert noch vor ihr starb, schien es, dass sie die Tür zu dieser uns unbekannten Welt des Vergessens endgültig verschloss.

Sie starb friedlich im Beisein ihres Sohnes Karl Heinz Graf Cord zu Stuckenbostel.

Dem Reisenden
legt sich der Weg vor die Füße!

Angekommen!

»Das Kleeblatt ist für die Touristen!« Mehr hat der Wirt nicht geantwortet. Keine sonstige Gestik, keine erkennbare Mimik auf seine Frage nach dem ›Shamrock‹ im Schaum.

Er ist angekommen. Karl Heinz Graf Cord zu Stuckenbostel fühlt sich gesehen – als Nichttourist. Sicherlich nicht als Einheimischer, das braucht seine Zeit, doch wurde ihm soeben eine Tür geöffnet. Durch die er nun hindurchgehen kann.

Seit vier Monaten lebt er hier, auf diesem Gehöft mit etwas Grund und Boden am Rande eines kleineren Berges Richtung Norden, mit Blick auf Strand und Atlantik im Süden, mit Blick auf das Dorf im Südwesten. Und zum Hof gehört noch ein kleines Stück Wald – klein, aber groß und ergiebig genug, um ihm das Holz zu geben, welches er zum Heizen benötigt. Das Gehöft stand zum Verkauf und kein Einheimischer zeigte Interesse, weder aus dem Dorf noch aus der Region. Er erfuhr von dem Objekt während seiner Rundreise durch Irland, die er Dank einer Vorruhestandsregelung bereits jetzt antreten konnte. Dass er dadurch seinem Schicksal entfloh, konnte er natürlich nicht wissen. Er änderte seine Route, betrachtete das Objekt vor Ort, wandte sich an den Bürgermeister im Bürgermeisteramt, wo dann auch alle weiteren Kontakte geknüpft und eine Besichtigung des Objekts erfolgte.

14 Tage später wurde der Kaufvertrag unterschrieben mitsamt allen Rechten und Pflichten, die hauptsächlich in der Nutzung und Pflege einer Bergkuppe durch Schafbeweidung lagen, wofür er dann eine, wie er fand, angemessene Entschädigung

erhielt. Er übernahm damit den Vertrag des Vorgängers, der, als seine Zeit gekommen war, auf der Terrasse sitzend bei einer Tasse Kaffee friedlich verstarb.

Natürlich waren einige Arbeiten zu erledigen, leichte Instandhaltungs- und Renovierungsarbeiten, ein solches Objekt ist eine ständige Baustelle, und es standen auch Arbeiten im kleinen Garten an, für Gemüse- und Blumenanbau, ebenfalls Waldarbeiten zur Hege und Pflege des Waldes und für ausreichend Feuerholz zum Heizen und zum Kochen. Auch mussten die Obstbäume beschnitten werden, damit die Verwilderung einigermaßen gelenkt wurde und einige Früchte geerntet werden konnten. Doch befand sich das Objekt in einem bewohnbaren Zustand – akut notwendige Arbeiten wurden stetig durch den Vorbesitzer erledigt, für neu anstehende nahm er sich Zeit in der Ausführung, jeden Tag ein wenig Aktion. Er versuchte sich in der Fortsetzung der Schafhaltung, im Gemüseanbau, in der Obsternte – alles in bescheidenem Rahmen. Und er versuchte sich im Nichtstun. Er genoss die Aussicht, die Weite, die Nähe, die Stille, die Ruhe – seine Ruhe. Er las ein Buch nach dem anderen, mehrere parallel, all die Bücher, die er in den letzten Jahren, eher Jahrzehnten, gefunden hatte oder die ihn fanden, und zu deren Lektüre er nicht oder nur sehr selten kam.

Es war ihm anfangs fremd, bereits vormittags, nach dem morgendlichen Frühstücken, dem anschließenden Rundgang um sein Anwesen, nach dem Kümmern um die Schafe und der Erledigung anstehender Arbeiten auf der Terrasse zu sitzen und nichts zu tun – außer zu lesen. Und es ist ihm immer noch fremd. Dabei ist er mit dem Nichtstun, dem

›Löcher-in-die-Wolken‹-Gucken, noch lange nicht fertig.

Hiermit beschäftigt zu sein, manchmal dabei sogar einen Rotwein genießend, während alle Mitbürger offensichtlich mit irgendetwas fleißig beschäftigt waren, löste ein tief in ihm liegendes Schamgefühl aus. Er wusste, es war unbegründet, schließlich war es seine Einteilung des Tages – aber das Gefühl war nun einmal da, eingeimpft seit Kindheitszeiten, zäh wie ein Muttermal, und er musste sich jedes Mal bewusst machen, dass es irrational war.

Er musste sich vor niemandem für dieses Leben entschuldigen oder rechtfertigen. Es brauchte seine Zeit, viele Seminare und Selbstreflexionen, um zu dieser Erkenntnis zu kommen. Seine Sozialisation, eine Art innere individuelle Hirnwäsche, hatte

sein Leben geprägt. Und dieses, trotz aller Versuche der Selbsterkenntnis, noch immer prägte.
Und doch sah er Erfolge in seinen Bemühungen, seinen vorgezeichneten Lebensweg zu verstehen, zu analysieren, zu verlassen und neue Wege einzuschlagen. Bereits seit längerem.

Er wusste, der menschlichen Seele ist keine komplette Entladung möglich – ist wohl auch nicht sinnvoll und eher gefährlich, denn welche Mächte mögen dann das Vakuum füllen? Wäre er sonst hier, an diesem Platz, säße er sonst auf seiner Terrasse oder abends in diesem Pub, seinem Pub, erfreute er sich nicht an dem perlenden, frisch gezapften Guinness, wartete er nicht ab, bis sich der Sturm im Pint beruhigte und die Flüssigkeit sich in ein seidenmatt tiefschwarz schimmerndes Getränk verwandelte. Würde der Wirt sonst auf seine

Frage nach dem heute fehlenden Shamrock im Schaum diese Antwort geben? Sláinte!

Natürlich wurde er anfangs beäugt, nachdem seine Kaufabsichten im Dorf die Runde machten und nachdem er dann mit einem kleinen Lieferwagen und seinem wenig Hab und Gut sowie seinen Büchern und seiner Musik hierherzog. Seine ersten Besuche im Pub wurden neugierig zur Kenntnis genommen, bei weiteren gab's bereits einen kurzen Augenkontakt mit einem kaum wahrnehmbaren Nicken, schließlich folgten erste Gespräche. Und weil sein norddeutsches Wesen dem irischen ähnelte, und seine Sprachkenntnisse weit über das Radebrechen hinausgingen, folgten schnell weitere und über Small-Talk hinausgehende Themen, mit denen sich der Abend füllen ließ. Und wenn sich einmal kein Thema fand, war sein Vorgänger, der John mit den Schafen, immer für ein Gespräch gut, dem er gerne und interessiert folgte.

Angekommen! Vor über 30 Jahren besuchte er die Insel zum ersten Mal, er wollte mit einigen Freunden St. Patrick feiern. Und feiert es seitdem jedes Jahr, jedes Jahr eine Woche Irland, jedes Jahr diese Insel, diese Menschen, das Gefühl, ein Stück Heimat zu betreten.

Und er fuhr jedes Jahr wieder zurück. Zurück in seine Kleinstadt, zurück in sein Haus, in sein soziales Umfeld, zu seiner Arbeit.

Aufgewachsen in einfachsten Verhältnissen, mit Geschwistern, die ersten geboren im Jahrestakt, die ihm folgenden im Zweijahrestakt, er zwischendrin als doppeltes Sandwichkind, eingerahmt von seinen Brüdern, die wiederum eingerahmt von den Schwestern, zu groß, um klein zu sein, und zu klein, um groß zu sein. Aufgewachsen in der räumlichen, aber vor allem intellektuellen und emotionalen Enge eines Elternhauses, von Eltern, deren Leben massiv durch die Vorkriegszeit und vor allem durch die Kriegszeit geprägt wurde. Seine Mutter, die ihre Heimat und Kindheit durch die Flucht verlor, der Vater dessen Brüder den Heldentod starben und ihm genommen wurden. Er stand schon stolz in Uniform, als seine Mutter endlich einen Aufschub der Einberufung erreichte, und dann war der Krieg zu Ende.

Heute würde man das Erlebte als traumatisch betrachten, behandlungsbedürftig – aber das war nach dem Zusammenbruch des Tausendjährigen Reiches kein Thema. Stattdessen wurde gearbeitet, wurde eine Existenz aufgebaut, Auseinandersetzungen mit dem Geschehenen, Reflexionen wurden weggearbeitet. 60 Jahre später, mit dem Alter kamen dann die Erinnerungen – und rissen alte Wunden auf.

Aufgewachsen in dieser Phase des Überlebens nach dem Überleben, emotional und intellektuell, ein Leben in der ersten Basisstufe der Kulturpyramide. Natürlich besuchte er die Schule, eine Zweiraum-Volksschule im Dorfe, anschließend die Realschule in der Nachbarstadt als Lohn für gute Schulleistungen – das Gymnasium, obwohl möglich und von den Lehrern empfohlen, ›schickte‹ sich nicht. »Willst wohl was Besseres sein? Wir sind nur Arbeiter!« Stattdessen trugen er und seine Geschwister durch das Austragen von Zeitungen zum Haushaltsbudget bei.

Und danach stand die Berufsausbildung an. Zur Wahl standen immerhin ein Job als Arbeiter oder Angestellter, und sie ermöglichte ihm eine erste Flucht aus dem Dorf in die Großstadt, wenn auch vorerst nur als Pendler, ein erstes Gestalten seines eigenen Lebens, und er erreichte durch ein, wenn auch nur geringes Lehrlingsgehalt, eine kleine finanzielle Unabhängigkeit.

Der erzielte und erreichte Abschluss der Ausbildung mit Weiterbeschäftigung ermöglichte dann den Sprung in die Großstadt. Ein Zimmer wurde gefunden, neue Freunde ebenfalls, und auch Freundinnen. Das ganze pralle bunte Leben öffnete seine Türen, und, wenn auch sehr vorsichtig und unsicher, er betrat diese neuen Räume. Musik, Kunst, Gespräche, Reisen, Politik – neue Ideen des Lebens und einer Lebensgestaltung, von deren Vielfalt er keine Vorstellung gehabt hatte.

Bescheiden, eher wohl schüchtern und zurückhaltend, und dennoch gierig saugte er alles auf, Sinnvolles und Sinnloses, Nützliches und Nutzloses, Kreatives und Konstruktives – er versuchte alles zu verstehen, und er erkannte seine Grenzen des Vorstellens und des Verstehens, seine intellektuellen Grenzen. Er wollte mehr wissen, er versuchte, sich das fehlende Wissen durch Lesen und Lernen selbst anzueignen, doch es reichte nicht. Ein Studium schien eine Alternative zum Stillen seines Wissendurstes, und er fand eine Möglichkeit eines finanzierten Studiums auf dem zweiten Bildungsweg. Zwar nicht Psychologie, seinem mittlerweile immer stärker favorisiertem Ziel, doch die konkret machbare Alternative der Sozialwissenschaften als Basis des Verstehenkönnens erschien gleichwertig. Und dank des Studiums wurde ihm die Tür geöffnet zu einer neuen beruflichen Orientierung, die fortan sein Leben bestimmte, ein Leben, in dem er seine mittlerweile gewachsenen

Vorstellungen von Werten und Normen nahezu vollständig einbringen konnte.

Sein Fest war gelungen. Das ganze Dorf war eingeladen. Und alle kamen – Jung, alt, mittelalt. Er hatte die Getränke gestellt – der Wirt hatte diesen Bereich organisiert, und er hatte am offenen Feuer einen großen Topf mit Irish Stew gekocht, und weil jeder Gast zusätzlich einen weiteren Beitrag zur Tafel geleistet hatte, gab es nicht nur zu trinken, sondern auch reichlich zu essen. Viele ließen es sich nicht nehmen, dem Neuen mit einer Freude im Gesicht original irische Köstlichkeiten zu überreichen, so dass das Essen nicht nur reichlich war, sondern auch ausgesprochen lecker.

Seine von ihm sorgfältig ausgesuchte und zusammengestellte Musik wurde sehr schnell ausgetauscht gegen handgemachte – irgendwann finden sich in Irland immer

Musiker mit Lust und Freude zum Musizieren – und offensichtlich hatte auch das irische Wetter Lust auf dieses Fest, denn der Abend und die Nacht wurden begleitet durch angenehme Temperaturen ohne Regenunterbrechung, was in Irland eher zu den seltenen Ausnahmen gehört.

Es wurde getanzt – natürlich wurde dann auch getanzt. Nicht nur Musik ist in Irland stets allgegenwärtig, sondern auch die Bewegung zur Musik. Tanzen und einfach lustbetonte Bewegungen zur Musik sind nicht unbedingt das, was er in seiner Kindheit mitbekommen hatte, doch auch er fand sich am späteren Abend auf der Tanzfläche wieder, nachdem sich die Spannung über das Gelingen des Festes gelegt hatte, und ein paar Guinness und die allgemeine Stimmung mitgeholfen hatten, diese Hemmungen zu überwinden.

Und Cindy! Sie hatten sich vorher bereits ein paarmal gesehen, sie wohnte ebenfalls im Dorf, sie hatten sich angeschaut und sogar zugelächelt. Und ihr Samstagsspaziergang führte sie gelegentlich an seinem Hof vorbei. Nur – mehr als das freundliche Grüßen ist allerdings nicht passiert. Er legte es nicht darauf an, zu diesem Zeitpunkt eine Beziehung zu einer Frau aufzubauen – im Gegenteil. Ein Hintergrund zu seinem Entschluss, hier zu siedeln, war die Suche nach sich selbst, war der Wunsch, mit Beginn seines letzten Lebensdrittels einen neuen Lebensabschnitt zu beschreiten. Er wollte, dank seiner Pension befreit von einer existentiell notwendigen Arbeit, die Lohnarbeit aus seiner Sicht nun einmal bedeutet, egal wieviel Freude sie einem auch bereiten möge, einfach seinen Weg gehen.

Das hieß nicht, dass ihm sein bisheriges Leben nichts bedeutete – im Gegenteil. Er betrachtet das bisher Gelebte als elementar wichtig und auch als gut, er war zufrieden mit seinem bisher Gelebten. Trotz aller möglicher Kritikpunkte an die Zeit seiner Kindheit bildete sie doch das Fundament seines Lebens, und er betrachtete es als stabil. Das Fundament bildet dann die Basis für den Bau der Mauern zu einem, zu seinem Lebensgebäude, stark gebaut aus solidem Material. Sein Entschluss, zu wandern, auf sein Fahrrad zu steigen und einfach loszufahren, der Weg als Ziel lenkte ihn und bot ihm nun hier die Möglichkeit, auf diesem Fundament und diesen Mauern ein Dach zu bauen. In diesem Haus zu Leben. In diesem Haus das Lebensfinale auch als Lebenslustfinale zu leben.

Cindy

Bis heute hatte er es geschafft, zumindest nach seinen bewussten Erinnerungen und seiner persönlichen Einschätzung, sein Leben souverän zu gestalten, trotz eigentlich vieler Zweifel und ständigen Reflexionen des Ge- und Erlebten. Er glaubte an seine Fähigkeit, nach Krisen stets wieder aufzustehen, die Krone zu richten und gestärkt weiterzugehen. Seine Neugierde und die Lust, das Leben selbst als Lebenselixier zu sehen, waren der Garant für ein Leben als Fels in der Brandung. Diese Frau aber machte ihn wehr- und hilflos.

Natürlich hatten die Dorfbewohner von seinen Festplanungen und Vorbereitungen erfahren, er hatte zudem während seiner regelmäßigen Pub-Besuche auf sein Fest hingewiesen und direkt oder indirekt jeden Dorfbewohner selbstverständlich eingeladen.

Und er hat *sie* sogar direkt angesprochen, als sie wieder einmal an seinem Hof vorbeispazierte – ein kurzer Blickkontakt, ein kurzes Hallo, vielleicht sogar ein kurzer Plausch am Gartenzaun mit direktem Hinweis und direkt ausgesprochener Einladung, mehr wohl nicht …

Aber was passierte heute Nacht? Und was passierte jetzt mit ihm? Eigentlich ist doch alles wie sonst auch, abgesehen von diesem Fest, und doch ist alles anders? Sicherlich, ein paar Worte mehr wurden auf dem Fest untereinander gewechselt, ein paar Augenblicke mehr ausgetauscht, er hatte sie häufiger sehen können, als sie mit Kleinigkeiten unterstützend aushalf, doch das traf auch auf die meisten der sonstigen Gäste zu.

Es war ihre Art, sich zu bewegen, später auch auf der Tanzfläche, frei tanzend, doch einander zugewandt, und noch etwas später, als ein Engtanzstück gespielt wurde, auch mit Körperkontakt – mehr war nicht. Sie wollte dann nach Hause, die Feier näherte sich langsam dem Ende, sie ging mit den anderen Gästen zurück, in ihr kleines Cottage an der anderen Seite des Dorfes.

Und hinterließ in ihm ein Gefühlskarussell, wie er es noch nie erlebt hatte – und er fühlte sich hilflos und verwirrt und schwindelig – und dennoch auch glücklich. Manchmal muss man wohl tatsächlich so lange warten, bis in die zweite Lebenshälfte. Nicht, dass er nicht so etwas wie Verliebtsein kannte, auch wusste er, wie es ist, mit einer Frau gerne und auch sehr gerne zusammen zu sein, doch dies hier war anders, unkontrollierbar, unberechenbar. Panikattacken, von denen er gelesen hatte, von Attacken ohne Möglichkeit, die Situation zu kontrollieren, vielleicht war es ihm sogar peinlich, vor ihm selbst, vor seinem Selbstbild, derart wehr- und hilflos zu sein, ihm, dem Fels in der Brandung, stets aufrecht, stark und bewusst.

Sie wollte heute vorbeischauen, um beim Aufräumen zu helfen. Und trotz seiner Ängste und Zweifel – er freute sich darauf, sie wiederzusehen, fast schon sehnte er sich danach. Und gleich darauf wieder diese Panikattacke, sein Herz verkrampfte vor Angst, sie würde nicht erscheinen, oder sie würde erscheinen …[*] [**]

---

* Sie erschien tatsächlich. Zögernd, zweifelnd, lächelnd, zuversichtlich.

** Sie gingen spazieren – zum Wald, zur Wiese, zum Strand. Es dämmerte bereits, als sie zurückkehrten. Das Aufräumen verschoben sie auf morgen.

So ist es eben!

Wir werden geboren.
Wir leben.
Wir werden älter.
Wir werden alt.
Wir sterben.

Neues beginnt.

So ist es eben!

(frei nach Kurt Marti)

Eine letzte Anmerkung

Der Autor freut sich über Hinweise und ist dankbar für Anregungen und Kommentare zu seinem Text:
info@edition-falkenberg.de